네모 난 바람

네로난 바람

초판 인쇄	2024년 06월 07일
초판 발행	2024년 06월 13일
지은이	이 효 상
발행처	다담출판기획 TEL : 02)701-0680
	서울시 영등포구 영신로30길 14, 2층
편집인	박 종 규
등록일	2021년 9월 17일
등록번호	제2021-000156호
ISBN	979-11-93838-08-2 03800
가격	14,000원

본 책은 지은이의 지적재산이므로 무단전재와 복제를 금합니다.

네모난 바람

이효상 첫 시집

머리말

시인이라는 호칭을 욕심낸 적은 없었습니다. 다만, 살아생전에 시집 한 권은 내 보고 싶다는 소망을 가지고 살았습니다.

초등학교 때 잠깐 시에 재능이 있다는 소리를 들어 봤지만, 시에 대해서는 아는 게 아무것도 없었습니다. 군 제대 후 '임자 없는 그리움'을 주체하지 못해 무조건 끄적여 본 적은 있습니다. 그러곤 그뿐, 시를 배웠거나 써 볼 기회는 없습니다. 가끔 봉숭아 씨앗 터지듯 툭툭 터지는 넋두리가 있으면 일 년에 4~5편씩 써 모아 둔 게 고작입니다.

다행히 운이 좋아 오랫동안 알고 지내시던 이상철 시인님이 박종규 교수님께서 운영하시는 시인대학을 먼저 수학하시고, 재주 없는 사람을 추천해 주셔서 10주 동안 귀한 가르침 받아 일취월장할 수 있었습니다.

시인대학 공부하기 전 써 모았던 넋두리와 박종규 교수님의 지도를 받아 새롭게 쓴 시 합해 90여 편, 남에게 보여줄 수준은 아니지만 순간순간 제 가슴속에 숨어있던 시심을 종이에 옮겨 적어 보았습니다.

단 한 분이라도 제가 느꼈던 詩心을 공감하실 수 있다면 더 이상 여한이 없을 듯합니다.

감사합니다.

2024년 5월 17일
시인 서울별빛 이 효 상

차 례

머리말/ 4

제1부 꽃잎은 별이 되고/ 13

들꽃/ 15
꽃잎은 별이 되고/ 16
언제나 꽃길/ 18
봄나들이/ 19
봄 소풍/ 20
참 예쁜 날/ 22
풀꽃/ 23
민들레/ 24
봄맛/ 25
설렘/ 26
홍매화/ 27
ㄱㄴㄷㄹ/ 28
꽃길/ 29
자운영/ 30
꽃잔디/ 31
가을 날엔 누구라도 좋다/ 32

제2부 눈치 없는 봄바람 / 35

정안 아빠 / 37
어머니 / 38
눈치 없는 봄바람 / 39
고향 가는 길 / 40
아버지 / 42
아버지와 아들 / 43
사람은 가도 꽃은 핀다 / 44
이웃사촌 / 46
가족사진 바라보며 / 47
따뜻한 거짓말 / 48
시집살이 / 50
부모는 자식이 심장이다 / 51
엄니 잘 가소 / 52
강이 부른다 / 54
구름나라 영화감독 / 56
라일락 / 57

제3부 아스팔트에 피는 꽃/ 59

네모난 바람/ 61
달팽이 그리고/ 62
개똥참외/ 63
아스팔트에 피는 꽃/ 64
어떻든 살아라/ 66
인생, 나이 든 벚꽃 나무처럼/ 67
가을 철쭉/ 68
겨울 장미/ 69
꽃마리(1)/ 70
조팝나무 이팝나무/ 71
아줌마여, 그대 아줌마여/ 72
부활/ 73
꽃마리(2)/ 74
마음 가는 대로/ 76
과거 현재 미래/ 77

제4부 허튼 날은 없다 / 79

신이시여 / 81
비 오는 날엔 교향곡이 되고 싶다 / 82
손 / 84
허튼 날은 없다 / 86
매미 / 88
반토막_인간 실체 / 89
일상 / 90
나는 / 91
금방이다 / 92
흰머리 / 93
쉰 고개 / 94
천사 / 95
빚 / 96
이별 못 할 미련 / 98
화두(話頭) / 99
수행 / 100
3월 16일 / 101

제5부 멸치의 꿈/ 103

술/ 105
명과/ 106
비빔밥/ 108
멸치의 꿈/ 109
뻥튀기/ 110
가시/ 112
보릿고개/ 113
아침 손님/ 114
똥꿈/ 115
종점/ 116
샛강, 쓰러진 나무들/ 118
모래톱/ 119
내비게이션/ 120
바람 내비게이션/ 121
머리핀/ 122
거짓말/ 123

제6부 임자 없는 그리움 / 125

잊은 줄 알았는데/ 126
그리움/ 128
동백꽃/ 129
임자 없는 그리움/ 130
뒷모습/ 131
50대 사랑/ 132
열매 맺지 못하는 꽃은 슬프다/ 133
딱 그대로/ 134
때론, 그곳에 가고 싶다/ 135
하찮은 삶이었다/ 136
구로동 이팝나무/ 138
너를 잊었다/ 140
슬픈 플라타너스/ 141
해고/ 142

에필로그/ 144

제1부 꽃잎은 별이 되고

들꽃
꽃잎은 별이 되고
언제나 꽃길
봄나들이
봄 소풍
참 예쁜 날
풀꽃
민들레
봄맛
설렘
홍매화
ㄱㄴㄷㄹ
꽃길
자운영
꽃잔디
가을 날엔 누구라도 좋다

들꽃

이쁠 것도 없고
향기롭지도 않은

오는지
가는지
알지도 못하는

있는지
없는진
벌 나비만 아는

바람과 구름의 친구

꽃잎은 별이 되고

꽃잎이 지면 어디로 가나 했었다
바람에 날리면 끝인가 하였다
꽃길 만들어 가슴만 설레게 하는 줄 알았다

비 오는 날은 꽃비 되고
밤이면 별님 되는 줄 몰랐었다

꽃잎 지면
꽃잎이 지면
은하수 되는 줄 몰랐었다

외롭지 말라고
힘들어 말라고
북두칠성에 라일락 향기 뿌려 놓은 줄 몰랐었다.

은하수에서 라벤더 향이 나는 건
우리 동네 꽃잎들
별이 되어
위로하는 포옹인 줄 몰랐었다

이제야
꽃잎 지면
어머니 가슴은 기다림 되고
별빛은 언약임을 알게 되었다

언제나 꽃길

빈 의자에 햇살만 앉아도
너와 함께면
언제나 꽃길

봄나들이

구름이 참 이쁘다
바람이 참 이쁘다
향기가 참 이쁘다

봄빛
참
이쁘다

봄 소풍

애기똥풀 멋대로 핀 날엔
난
한 마리 팔랑나비

훨훨 날아
숨어 핀 명자꽃도 맛보고
지천인 냉이와 고들빼기랑 노래도 불러보고

철쭉 마을 5일장 찾아가
긴병꽃풀 냉이 제비꽃과 수다도 떨며
깍쟁이 찔레꽃도 사귀어야지

소나무 카페에서
까치랑 동박새랑
아무개 흉도 보며
히히덕대며 놀아야지

토끼풀 건방 떠는 봄날엔
한 마리 팔랑나비 되어
바람에 떠다녀 봐야지

참 예쁜 날

참
예쁜 날

참
예쁜 엄마가

참
예쁜 아기를 안고

참
예쁜 노래를 불러주고 있다

풀꽃

세상에 바란 적 없다

이름 달라
이쁨 달라
보챈 적 없다

홀로 노래하고
홀로 춤추며

찾는 이 없어도
나 홀로 이뻐라

민들레

드디어 피었구나

!
민들레

설익은 봄 지나
이제사

봄

봄맛

솔솔바람
들꽃 서너 평

하얀 나비 두 마리
햇살 한 소쿠리

봄맛
참
달다

설렘

노오란
개나리 피었으니

어쩔 수 없다네
……

처음처럼

홍매화

늘 그랬다
그 애가
1등이다

104동 놀이터 앞
대보름 무렵
홍매화

몽글몽글
봉글봉글
사리 살짝
방긋 몽긋

그 애는
늘
봄을 데려온다

ㄱ ㄴ ㄷ ㄹ

목련은 ㄱ ㄴ ㄷ ㄹ
가지마다 ㄱ ㄴ ㄷ ㄹ

ㄱ ㄴ ㄷ ㄹ 가지마다
송이송이 하얀 촛불

목련은, 목련은
나무마다 촛불잔치

꽃길

피어도 꽃길
지어도 꽃길

새싹도 고운 이
색시도 고운 이

파도는 출렁출렁
숫총각은 촐랑촐랑

동박이는 삐리삐리
아이들은 호호 하하

사방이 꽃 천지
천지가 꽃 잔치

자운영

다가가기 전엔
먼저 날 찾지 않는 꽃

그러다 어느 날
그리움이 되어버린 꽃

자운영
...

꽃잔디

꽃잔디는
하트가 다섯 개

순결한 사랑이라
심장이 다섯 개

사이 좋게 살아가라
하양 자주 빨강 분홍

소명대로 봉사하라
향기도 으뜸

가을날엔 누구라도 좋다

빛 맑은 가을날엔
누구라도 좋다

수인사는 눈으로 나누고
윤이나는 가을 하늘과
겸손한 가을 들판을 바라볼 줄
아는 이와
단풍 든 오솔길을 걷고 싶다

물 고운 가을날엔
누구라도 좋다

아는 이는 반겨맞고
모르는 이는 다정히 맞아
하늘빛 닮은 호수와
억새풀 간드러지는 언덕에서
가을을 담아 보고 싶다

선한 바람이 부는 날엔
누구라도 좋다

차 안에서 만나는 건
거리에서 만나는 건
거리의 낙엽을 좋아하는
눈이 선한 이와
코스모스 핀 철길을 달려보고 싶다

제2부 눈치 없는 봄바람

정안 아빠
어머니
눈치 없는 봄바람
고향 가는 길
아버지
아버지와 아들
사람은 가도 꽃은 핀다
이웃사촌
가족사진 바라보며
따뜻한 거짓말
시집살이
부모는 자식이 심장이다
엄니 잘 가소
강이 부른다
구름나라 영화감독
라일락

정안 아빠

내 닉네임은 정안 아빠
다음 네이버 소셜미디어
어디에나 정안 아빠

얼마나
좋은지
그 애만 보면

세월 지나
아씨 됐어도

그 애만 보면
웃음이 절로

어머니

자식 다녀간 헛헛함
앞마당 쓸고
남새밭 매고

......

그래도,
서운함이야

눈치 없는 봄바람

봄바람 불 때면
구순 엄니 마음은 천근만근

텃밭에 고추 고랑
산밭에 참깨 이랑
앞 논엔 못자리
…

할 일은 태산인데
호미질도 겨우겨우
…

긴 시름 한숨으로
늙은 몸만 탓하게 하는
눈치 없는 봄바람

고향 가는 길

고향길 500리
꽃길 500리

개나리 진달래 길라집이
길동무는 이수영 한동준

노래 친구 버드나무
수다 친구 산수유

복숭아꽃 손님 맞아
마당 가득 벚꽃 잔치

목련꽃 샹들리에
살구꽃 폭죽놀이

복분자 만찬주에
누나 동생 울긋불긋

손주 놈 여친 자랑
구순 엄니 싱글벙글

詩作노트/ 이수영, 한동준은 CBS라디오 MC, 진행하는 방송은 '이수영의 12시에 만납시다' '한동준의 FM POPS'

아버지

아버지
막걸리 한잔하실까요

산소 말고
꿈속에서

누나
동생
다 불러서

한잔
한잔
따라줘요

아버지와 아들

쌀자루 메고 오신
아버지 꿈에

복권 사는
속 없는
아들

이웃사촌

4남매
한 동네 모여 이웃사촌
시도 때도 없이
희희낙락

좋을 때나
슬플 때나
언니 동생 이웃사촌

틈만 나면
핑계 찾아
처남 매형 술친구

어떤 날은
간 쓸개 다 빼주고
어떤 날은
다시 못 볼 견원지간

그래도
또 보고픈 미워 못할
이웃사촌

사람은 가도 꽃은 핀다

주인 떠난 빈집
70년 지기 잠깐 들러
가신님 그리워 툭 뱉은 한마디

"사람은 갔어도 꽃은 피었구먼"

누군가
떠난 이의 온기를 기억하고
말씨도 그리워하고
찾아와 빈집을 둘러봐 주며
추억해 주는 마음

이 마음 있어
빈집에도 꽃은 피는가 보다

가족사진 바라보며

슬픔도 같이
기쁨도 같이
세월도 같이

이가 박가 정가 장가 남가 신가 최가 임가 김가…
부모, 형제, 사위, 며느리…

희로애락 함께하며
우린 닮았다

저절로 저절로 끊이지 않는
기도가 되었다

따뜻한 거짓말

항상
잘 지낸단 그 말
거짓이었구나

항상
건강하단 그 말
거짓이었구나

항상
괜찮다던 그 말
거짓이었구나

항상
행복하다는 그 말

따뜻한 거짓말이었구나

매일 매일
따뜻한 거짓말
세상 사는 비타민이었구나

시집살이

어쩔겨
안 살 것도 아니고

스무 살 새색시
한 달 박이 아들 업고

유채 베고
보리 베고

살라니 어쩌것어
시절이 그랬던걸

부모는 자식이 심장이다

그럴 리 없다
그러할 리 없다
나보다 소중한 거 있을 리 없다

모르는 소리 마라
문어 연어 자신 죽여 자식 살리듯
부모라는 이름 가진 이는
자식이 심장이다

보광사 전나무들 떠드는 소리에
만년 살아 낸 바위 중얼거리는 소리

엄니 잘 가소

엄니 잘 가소

고생도 잊고
설움도 잊고
아픔도 잊고
사랑도 두지 말고
미련 없이 잘 가소

벚꽃일랑 그냥 두고
라일락 향기 맡으며
엄니 잘 가소

이제는
엄마라는 이름만 두고
훨훨 날아가소

철쭉 피는 봄날에
살았던 흔적만 두고
왔던 길로 잘 가오

詩作노트/ 친구 어머니 장례식장에서 친구 어머니의 명복을 빌며.

강이 부른다

역사가 부른다
세월이 부른다
추억이 부른다

낙화암
3000 꽃 넋
그녀들이 부른다

황산벌
오천 결사
젊은 넋이 부른다

아사달 아사녀 알몸 부여안고
껍데기는 가라던
신동엽이 부른다

한평생
그 강가 거닐던
할아버지 아버지가 부른다

설레던 얼굴
잊었던 이름
어린 날 풋사랑이 부른다
…

고란사 종소리에
내 넋이
춤춘다

고향, 그곳에서
백마강이
나를 부른다

구름 나라 영화감독

동서남북 저 구름은
멋들어진 시나리오

동녘 구름 멜로영화
서쪽 구름 공상영화

남녘 바람 천만 고객
북쪽 하늘 아이맥스

운전대 잡고
영화 찍는
나는야
구름나라 영화감독

라일락

환장허겄다
환장허겄네

왜 이리 좋은 겨
왜 이리 이쁜 겨

네 향기 땜에
미쳐버리겄다.

제3부 아스팔트에 피는 꽃

네모난 바람
달팽이 그리고
개똥참외
아스팔트에 피는 꽃
어떻든 살아라
인생, 나이 든 벚꽃 나무처럼
가을 철쭉
겨울 장미
꽃마리(1)
조팝나무 이팝나무
아줌마여, 그대 아줌마여
부활
꽃마리(2)
마음 가는 대로
과거 현재 미래

네모난 바람

네모난 바람이 분다.

위로할 말 모르는 바람의 영혼이
네모나게 팔 잘린 플라타너스와
네모나게 울고 있다

달팽이 그리고

각자 갈 만큼 만 가는 것이다
큰 것은 큰 것대로
작은 것은 작은 것대로

빠른 것은 빠른 만큼
느린 것은 느린 만큼

그러니 시비하지 마라
너의 속도와 너의 크기로

너에게 시비 걸지 않듯
그들의 크기와
그들의 속도로
그들대로 살게 두어라

그래야 아름답다
그래야 살만하다

개똥참외

건널목 가로등 밑
개똥참외꽃

철 지나
제 있을 곳 모른 체
헤벌레 웃고 있는
이쁘고
고운 안타까움

뜨거운 가슴으로 노오란 꽃 피웠어도
개똥참외의 늦여름 꿈은
가 닿을 수 없는
슬픈 푸르름

아스팔트에 피는 꽃

아스팔트에 피는 꽃도 있나니
선택할 수 없는 자의 삶은
타박도 없다네

그러려니
그게 삶이려니
그저 살아갈 뿐!

아스팔트에 피는 꽃에도
향기는 있나니

선택할 수 없는 삶에도
희망은 있으리

그럴 수는 없는 것
그저 사라질 수만은 없는 것

아스팔트에 핀
꽃의 몸부림이
향기이듯
선택할 수 없는 이의 꿈속에서도
별은 빛나리

어떻든 살아라

어떻든 살아라
살아서 꽃 피워라

살아남으면
언젠가 꽃 피울 날 올 테니
지지 말고 버텨라

그래야
네 자태와
네 향기가
희망이 될 수 있다

詩作노트/ 담벼락 70cm 높이쯤 물구멍, 한 수저 정도 흙에 매달려 겨우 버티고 있는 들풀을 응원하며…

인생, 나이 든 벚꽃 나무처럼

오직 예쁜 꽃일 뿐

언제든
꽃 피울 수 있으면
향기로워라

인생

가을 철쭉

봄에 피면 어떻고
가을에 피면 어떠하랴

오늘 이리 이쁜데
지금 이리도 향기로운데

겨울 장미

울지도 말고
비웃지도 말라

내 빛깔
내 향기에도
위로받는 영혼은 있으니

꽃마리(1)

얼마나 기다렸던
너였던가

얼마나 찾아 헤맨
너였던가

너를 만나야
봄이 오는데
…

기다려도
헤매어도
만날 수 없던
너

어제
네 소식 들었으니
봄이 오려나 보다

조팝나무 이팝나무

좁쌀 닮아 조팝나무
쌀밥 닮아 이팝나무

너희를 어찌할까
이쁘다 칭찬할까
얄밉다 원망할까

하필이면 보릿고개
왜 이리 이쁜 건지

열매라도 쓸만하면
몇 끼니는 때웠을걸

할미 할배 속만 끓인
어여쁜 희망 고문

아줌마여, 그대 아줌마여

꽃이 항상 피어 있다면
우린
아름답다 하지
않았으리

꽃은 지기 위해 피어나는 것
지지 않는 꽃이란 버림받은 영혼 같은 것

꽃이 지고 새 생명 잉태할 때
비로소
아름다움이 완성되는 것을

아줌마여, 그대 아줌마여
그대의 아름다움은
그대의 몸에
그대의 영혼에
아로새겨진 흔적에 있는 것을

부활

고목에
꽃
피었다!

부활이다!

나팔꽃,
그 녀석
기적이었구나!

꽃마리(2)

겨울이 되면
겨우내
꽃마리를 기다린다

햇빛 좋은 날이면
혹시나 하고
살짝 눈 녹은 한 뼘 땅을 들여다본다

역시나
아직은
.
.
.
.

열 번 스무 번
'혹시나 오늘은' 하며
햇볕 좋은 텃밭을 두리번거린다

찬바람 포근하게 느껴지는
어느 날
남새밭 여기저기
섞여 핀 네 모습 보이면
이제 봄이구나
…

안심이 된다

마음 가는 대로

그대로
마음대로

보든 말든
내 맘대로

산도 들도
제 맘대로

오늘도 내일도
맘 가는 대로

과거 현재 미래

과거는
기억뿐

현재는
이뿐

미래는
모를 뿐

제4부 허튼 날은 없다

신이시여
비 오는 날엔 교향곡이 되고 싶다
손
허튼 날은 없다
매미
반토막_인간 실체
일상
나는
금방이다
흰머리
쉰 고개
천사
빚
이별 못 할 미련
화두(話頭)
수행
3월 16일

신이시여

신이시여!

이런 바람과
이런 향기와
이런 소리를
....

또 어찌 이리
멋진 구름을

비 오는 날엔 교향곡이 되고 싶다

비 오는 날엔
빗소리 바람 소리 모아
교향곡을 짓고 싶다

빠르게 느리게
미뉴에트 알레그로

따 다다다 따 다다다단
빗소리 피아노 소리

휘 이이이 휘 이이익
바람 소리 바이올린 소리
...

소리
소리
오선지로 퍼 담아
소나타 만들고 싶다

아이들 떠드는 소리 아리아 삼아
우주를 연주하고 싶다

비 오는
비 오는 날엔
교향곡이 되고 싶다

손

어머니
당신의 기도하는 손이 있어 제가 여기 있습니다

신이시여
당신의 구원하는 손이 있어 제가 여기 있습니다

벗이여
당신의 위로하는 손이 있어 제가 여기 있습니다

사랑하는 이여
당신의 포옹하는 손이 있어 내가 여기 있습니다

아이야
너의 반기는 손이 있어 내가 여기 있단다

당신의 손길이 있어
나는
비로소
내 손을 바라볼 수 있습니다

당신들의 온기가 있어
나는
비로소
내 손이 어떤 손이어야 할지
물어볼 수 있습니다

허튼 날은 없다

어느 하루
허튼 날은 없다

열심히 산 날은
그날대로

게으르게 산 날은
또 그날대로

열심히 살아야 한다는 굴레도
게으르게 살았다는 죄의식도
오만한 사치일 뿐

행복한 날도
불행한 날도
그날그날
살아갈 뿐이다
살아 낼 뿐이다

그래야 알 수 있다

뜻 모를
신의 섭리를

매미

고난 주어 시험하사
신의 뜻을 받드니
성당 몸매 주셨을까

기도가 여물어
세상을 구제하라
모자이크 날개 주셨을까

열다섯 번 탕자 되어
배반하고 회개하고
허물 벗어 목자 되니
찬양하라 소리 주셨을까

자지도 먹지도 않고
온몸으로 전도하니
갸륵하다 보좌 내주셨을까

반토막_인간 실체

부처님 반토막
사람 반토막

천사 반토막
사탄 반토막

선녀 반토막
짐승 반토막

희로애락 오락가락
탐진치 뭉글뭉글

반토막 인간사
갈 길 몰라 갈팡질팡

하루에도 열두 번
반토막 왔다 갔다

일상

바쁘다 바빠
Skip Skip Skip
댓글도 Skip 메일도 Skip

바쁘고 바쁜 일상
모든 것을 Pass Pass

가족도 Pass
행복도 Skip

어디로 가는 건지…
.
.
.
.
.
.

나는

좋은 아들도 못되고
좋은 동생도 못되고
좋은 삼촌도 못되고

좋은 남편도 못되고
좋은 아빠도 못 되는

나는…

금방이다

어느새 봄이다
금방이다

여름도 곧
청춘도 금방
세월도 금세

이제 곧
종점이다

흰머리

거울 속에 낯선 이
하나 서 있다.

많이도 본 모습인데
영
남 같은 이

그저
한밤 자고 났을 뿐인데
영 모를
남이 되어버렸다

쉰 고개

쉰 고개 넘어보니
나 보다
못한 이는
하나도 없더이다

살아보고
겪어보니
고맙고 고마울 뿐
미운 이도 없더이다

천사

세상 모든 이
천사 아닐까

오는 사람
가는 사람

아는 이
모르는 이

모두가 나를 돕네

밥 사주고
술 사주고

찾아 주고
웃어 주고

빚

책을 산다
빚을 산다

가방 가득
품 안 가득

묵직한 빚더미
집안 가득
수북수북

어떤 날은 한 권 값고
어떤 날은 한 줄 값고

야금야금 찔끔찔끔
어렵사리 갚고 나면
또, 한 바작 지는 빚

한 해 두 해 갚은 빚이
어느새 여 나무 트럭

이별 못 할 미련

PC 폴더 열어 보니
20여 년 쌓인 자료 포대로 수백 개

언제 한번 보겠거니
싸매두고 숨겨둔 채
잊고 산 지 20여 년

작심하고 버리건만
못 버리는 미련이
아직도 수십 포대

폴더 속 비우다
내 맘속 바라보니
못 버린 미련 수십 트럭

20여 년 폴더나
50여 년 내 속이나
이별 못 할 미련만 가득

화두(話頭)

앉아서
잠깐

걷다가
잠깐

보일 듯
말 듯

알 듯
모를 듯

화두(話頭)
고것 참

아~
이 뭣고

수행

어서 빨리
마침표 찍고

느낌표로
자유로운
영혼이고픈데

여전히
남은 건
물음표

언제나
쉼표 하나
찍을는지

3월 16일

3월 16일 아침,
어젯밤에 못 봤던
화란붓꽃이 피어 있었다

여기에도
저기에도
꽃들이 피고 있었다

저절로
"얼라~" 아!
"얘 봐라" 하하하!

축복이었다
천국이었다

이런,
아침이 시였다
날짜가 시가 될 수 있음을 알았다

제5부 멸치의 꿈

술
명과
비빔밥
멸치의 꿈
뻥튀기
가시
보릿고개
아침 손님
똥꿈
종점
샛강, 쓰러진 나무들
모래톱
내비게이션
바람 내비게이션
머리핀
거짓말

술

한 잔도 OK!
두 잔도 OK!

혼자도 OK!
둘이도 OK!

술도 술술!
인생도 술술!

명과

한과 하나 먹으며 생각해 본다

바삭한 맛, 달콤한 맛, 쫀득한 맛
이런 맛 내기 위해
얼마나 많은 사람들 새벽잠 설쳤을까

찹쌀 참깨 땅콩 서리태
볶고 튀기고 버무려
새 생명 창조하기 위해
얼마나 큰 산고 겪었을까

얼마나 많은 시간
얼마나 많은 이들
애끓고 혼을 담아야
이름 하나 얻을 수 있을까

세상에 이름 하나 얻기
이리도 힘겨운 대장정이었구나

세상에 이름 있는 것
경배할 존엄이었구나
찬양할 넋이었구나

비빔밥

사계절 고루 담아

햇살, 비, 바람 버무려

알알이 삶이 되었다

멸치의 꿈

멸치의 꿈은 바다다
바닷가 고향 떠나
먼바다 누비는 꿈을 꾸며 산다

연어처럼
큰 거북처럼
온 바다 누비며
고래와 친구하며 사는 꿈을 꾼다

태평양 인도양 대서양 두루 돌아
베링해 따라 귀향하여
고향에 희망 뿌리는 꿈을 꾼다

한 번도
단 한 번도
멸치볶음 따위 꿈꿔 본 적 없다

뻥튀기

왕년에
달짝지근한 사랑
못 해 본 사람 누가 있나

왕년에
살살 녹는 호시절
못 살아본 사람 누가 있나

왕년에
세상 향해 큰 소리
못 쳐 본 사람 누가 있나

왕년에
보고 보고 또 봐도 이쁘던 시절
못 가져 본 사람 누가 있나

이젠
실속 없는
부스러기 신세 되었지만
이래 봬도
왕년엔
속 꽉 찬 알곡이었다오

세상 사람 웃게 하는
삐에르였다오

가시

날 찾는 이 많아도
널 찾는 이 누구 있더냐

고작 가시라 함부로 말하지 마라

허물뿐인 너희들
얼마나 쓸모 있더냐

살도 주고 삶도 내준 나는
살신성인 성자이다

가엾은 너희 인생
썩어질 네 육신
뼈대만 남았을 때
너는 무슨, 변명하려 하느냐

추접하다 더럽다
함부로 버리던 가시보다 잘한 거 있겠더냐

보릿고개

할머니
할아버지
배고픈 보릿고개

선배 친구
우리들은
생존경쟁 보릿고개

그때나
이제나
고달픈 보릿고개

아침 손님

아침마다 찾아오는
그 손님

늦게 오면 불안하고
제때 오면 후련하고

연락 없이 안 오면
길거리서 마주칠까
안절부절 노심초사

詩作노트/ 아침 손님은 '똥'을 은유적으로 표현한 것임.

똥꿈

기똥 찬 날에
기똥 찬 선배가
똥꿈 꾸고 지은 노래
'봉선화 연정'

기똥 차게 히트하여
기똥 찬
명곡이 되었다나

詩作노트/ 기똥찬 선배의 '기똥찬'은 봉선화 연정의 작사가 김동찬의 별명으로 개인적으로 고등학교 선배임. 똥꿈은 상상임.

종점

톡

뚝

탁

이제 됐다

할 일 다한 사과나무
이제 안심이다

바람이 톡하고 건드린 사과 한 알,
뚝 하고 떨어져
대지의 품에 탁하고 안겼다.

다 키운 자식들 때가 되어 톡하고
제 갈 길 찾아 뚝 떨어져 나가
새 삶터에 탁하고 안겼다

할 일 다한 부모 이제 안심이다.
육아의 종점인 독립역까지 데려다 주었으니

샛강, 쓰러진 나무들

와불(臥佛)이다

곳곳에
와불(臥佛)이다

파안대소
울긋불긋
사방이 꽃 천지다

태풍 덕에
몸 보시
제대로다

모래톱

물이 걸어간 발자국
모래톱

그곳엔
자라도 잠깐
갈매기도 잠깐
가마우지는 온종일

내비게이션

무언가 하나
내게 올 때는
백만 년의 세월과
백만 명의 노고가 있어야 가능하겠지요

백만 년 살아간 이들의
지혜와 수고가 있어야
책 한 권 연필 한 자루
내게 올 수 있겠지요

천만년 우주 기운 서린
꽃 한 송이 바람 한 점
내게 올 수 있는 건
온 생명이 안내하는
내비게이션 있어야 가능하겠지요

우리 이리 만날 수 있는 건
우연 아닌 기연이겠지요

바람 내비게이션

바람 내비게이션은
최첨단인 모양이다

천 리, 만 리
주소도 없이
척척 잘도 찾아 다니니

새들도
개미도
바람 내비게이션 쓰나 보다

아무도 가르쳐 주지 않아도
제 갈 길
잘도 찾는 것 보니

머리핀

그녀
머리에 핀 들꽃

향기도 고와라

거짓말

거짓말쟁이가
만우절 저녁에
건강에 좋다는 술을 마시고
불로장생 보양식 먹다가
꼴까닥 혼절했더래요

가족들 놀라자빠져
울고불고 난리 났는데
그 사내 벌떡 일어나
꾀병이라 히히덕 거리더래요

제6부 임자 없는 그리움

잊은 줄 알았는데
그리움
동백꽃
임자 없는 그리움
뒷모습
50대 사랑
열매 맺지 못하는 꽃은 슬프다
딱 그대로
때론, 그곳에 가고 싶다
하찮은 삶이었다
구로동 이팝나무
너를 잊었다
슬픈 플라타너스
해고

잊은 줄 알았는데

잊은 줄 알았는데
다
잊은 줄 알았는데

통증의 세월 속에
다
잊힌 줄 알았는데

무심한 바람결에
돋아난 그리움이
……

그리움

아! 바로 너다

처음 본 그 순간에
튀어나온 이 한마디

그날 이후
너는
나의 그리움이 되었다

동백꽃

어느새
낙화!

오는 듯
떠나갈 봄

그리워할
미련마저 남기지 말지.

뭣 하러
아름다움으로 찾아왔는가?

임자 없는 그리움

참 무던히도 그리워하였지
받아 줄 이도 없었는데

그래도
그러지 않으면
살 수 없을 듯

마구
그리워하였지

뒷모습

얼굴도
못 봤는데

말 한마디
섞어 보지 못했는데

그녀의
외로움이 파고든다

50대 사랑

50대 사랑은
선잠 속 꿈 같아라

꾼 듯 만 듯 어렴풋이
한 듯 만 듯 아슴프레

설레었던 기억마저
잊히고도 모르는
해 질 녘 멍한 사랑

열매 맺지 못하는 꽃은 슬프다

열매 맺지 못하는 꽃은 슬프다

향기로
자태로
위로 삼으려 하지만
슬픔이야 어찌 감추리

딱 그대로

딱 그대로

더도 말고
덜도 말고
딱 그만큼만
…

그대로
…

네가 있었으면
…

때론, 그곳에 가고 싶다

갈 수 있을까
바람도 갈 수 없는 곳
세월로만 갈 수 있는 곳

그 애가 기다릴 그곳
가 본 이 없는 그 어디

때론
그곳에 가고 싶다

하찮은 삶이었다

하찮은 삶이었다.
이름 석 자
생졸 숫자 16개
....

지나고 지나
기억할 이 사라지면
이름 석 자
숫자 16개도 과분할 뿐

기억마저 거부당한 삶이지만
누구나 그러하니
그저 잠시 휘저었던
광란의 춤판 잊고

그대
잘 가라.

詩作노트/ 한때는 가족이었던 P를 보내며, 그에게 남은 건 이름 석 자와 주민등록번호 16자뿐임.

구로동 이팝나무

구로동, 이팝나무 핀 그 자리엔
제 모습 알지 못하던,
팔다리 잘린 플라타너스들이 울며불며 서 있었다오

그 무슨 중죄를 지었길래
봄마다 가을마다 거열형 받는 플라타너스들 서 있었다오

팔다리 잘린 몸
고통 어찌 못해 통곡 어찌 못해
문둥이 되어 터지고 짓무르고 비틀려 있었다오

이팝나무 곱게 핀 그 자리엔
자신이 얼마나 멋진 종족인지 모른 체
아픔만 살다 간 플라타너스가 살았다오

구로동 이팝나무는
억울한 플라타너스 위로하는 뒤늦은 참회라오
아무도 사죄하지 않는 무심한 조화(弔花)라오

너를 잊었다

몰랐다
너를
잊었음을

겨우…
살아가기 위해
너를
…

슬픈 플라타너스

슬픈 플라타너스를 보았는가

사지 잘린 채
입마저 꿰매어진 혹형(酷刑)

신록의 거리에서
잎새 하나 틔우지 못한 모정(母情)
운명마저 탓할 수 없는 절망

스스로 죽을 수도 없는 목숨

살아 있어 슬픈
그 이름
가로수

해고

평범함을 꿈꾸던 30대
평범함도 사치가 된 40대

그렇게
평범함을 애원하던
그들이 떠나갑니다.

갈 곳마저 차단당한 50대는
울 수도 없습니다
…

남겨진 자들은
긴 담배 연기만 내어 뿜습니다

그저
평범하게만
살 수 있도록 해 달라고

어린 아들
그놈
홀로 살아갈 수 있을 때까지만…

그것이
남은 생의 꿈이 되어
담배 연기에 흩어집니다

에필로그

참 재미난 시간이었습니다.

10주 동안 매미처럼 10번 이상을 우화(羽化)하며 제 모습을 잠깐 잠깐씩 비춰 볼 수 있었습니다.

90여 편 시를 여러 번 교정하고, 인쇄할 수 있도록 배치하면서 시를 쓸 때 알지 못한 시 하나하나의 제모습을 다시 볼 수 있었습니다.

기쁨, 환희, 슬픔, 좌절, 간절함, 부끄러움 등 다양한 모습이 있었습니다. 퇴고를 하고 나니 시인대학 10주 과정을 통해 땅속에 있던 매미 유충이 땅 밖으로 기어 나와 날개를 단 듯한 느낌입니다.

시답잖은 시들을 모아 만든 시집이지만 누군가에게는 울림으로 남았으면 하는 욕심입니다.

감사합니다.

2024년 여름
시인 서울별빛 이 효 상